Liderazgo

Mejores Habilidades Para Convertirse En Un Líder Poderoso Y Motivar A La Gente

(Sea Confiado E Inspire A La Gente)

Odo Mora

Publicado Por Daniel Heath

© **Odo Mora**

Todos los derechos reservados

Liderazgo: Mejores Habilidades Para Convertirse En Un Líder Poderoso Y Motivar A La Gente (Sea Confiado E Inspire A La Gente)

ISBN 978-1-989808-26-9

Este documento está orientado a proporcionar información exacta y confiable con respecto al tema y asunto que trata. La publicación se vende con la idea de que el editor no esté obligado a prestar contabilidad, permitida oficialmente, u otros servicios cualificados. Si se necesita asesoramiento, legal o profesional, debería solicitar a una persona con experiencia en la profesión.

Desde una Declaración de Principios aceptada y aprobada tanto por un comité de la American Bar Association (el Colegio de Abogados de Estados Unidos) como por un comité de editores y asociaciones.

No se permite la reproducción, duplicado o transmisión de cualquier parte de este documento en cualquier medio electrónico o formato impreso. Se prohíbe de forma estricta la grabación de esta publicación así como tampoco se permite cualquier almacenamiento de este documento sin permiso escrito del editor. Todos los derechos reservados.

Se establece que la información que contiene este documento es veraz y coherente, ya que cualquier responsabilidad, en términos de falta de atención o de otro tipo, por el uso o abuso de cualquier política, proceso o dirección contenida en este documento será responsabilidad exclusiva y absoluta del lector receptor. Bajo ninguna circunstancia se hará responsable o culpable de forma legal al editor por cualquier reparación, daños o pérdida monetaria debido a la información aquí contenida, ya sea de forma directa o indirectamente.

Los respectivos autores son propietarios de todos los derechos de autor que no están en posesión del editor.

La información aquí contenida se ofrece únicamente con fines informativos y, como tal, es universal. La presentación de la información se realiza sin contrato ni ningún tipo de garantía.

Las marcas registradas utilizadas son sin ningún tipo de consentimiento y la publicación de la marca registrada es sin el permiso o respaldo del propietario de esta. Todas las marcas registradas y demás marcas incluidas en este libro son solo para fines de aclaración y son propiedad de los mismos propietarios, no están afiliadas a este documento.

TABLA DE CONTENIDO

Parte 1 1

Introducción 2

Capítulo 1 - Entendiendo El Liderazgo 4

Capítulo 2: Las Batallas Privadas 7

CUALIDAD Nº 1 - DEDICACIÓN AL SERVICIO 7
CUALIDAD Nº 2 - AUTODISCIPLINA 8
CUALIDAD Nº 3 - PASIÓN 9
CUALIDAD Nº 4 - COMPROMISO 9
CUALIDAD 5 - RESPONSABILIZARSE 11

Capítulo 3: Relaciones Y Comunicación Efectiva 12

CUALIDAD Nº 1 - ESCUCHA CON ESMERO 12
CUALIDAD Nº 2 - COMUNICA CON CLARIDAD 13
CUALIDAD Nº 3 - BUSCA RESPUESTA 14
CUALIDAD Nº 4 - HABLAR LA VERDAD 15

Capítulo 4: Cualidades Para Gerenciar Al Personal 16

CUALIDAD 1 - HABILIDAD PARA DELEGAR TAREAS 16
CUALIDAD 2 - HABILIDAD PARA INSPIRAR 18
CUALIDAD 3 - GENEROSIDAD 19

Capítulo 5: Cualidades De Un Líder Al Tomar Decisiones Y Manejar Crisis 21

CUALIDAD 1 - INTUICIÓN 21
CUALIDAD 2 - CREATIVIDAD 23
CUALIDAD 3 - SENTIDO DEL HUMOR 23

Conclusión 25

Parte 2 27

Introducción 28

Capítulo 1 – Los Atributos Clave De Un Súper Líder. 33

Capítulo 2 Desarrollando Tus Habilidades Gerenciales 47

Capítulo 3: Aprendiendo A Comunicarte Efectivamente.... 63

Capítulo 4: La Importancia De Entrenar A Otros Y Aprender A Delegar 79

Capítulo 5: Motivarte A Ti Mismo Y A Aquellos A Tu Alrededor. 94

Conclusión 106

Parte 1

Introducción

Quiero darte las gracias y felicitarte por descargar el libro.

¿Cómo alguien se convierte en un buen líder? ¿Es a través de estudiar con vigor? ¿Es por leer toneladas de libros gruesos y pesados sobre liderazgo? ¿Es porque nace en la realeza o en un linaje de políticos?

Mucha gente de todo el mundo ha pasado por muchas cosas solo para descubrir cómo convertirse en un gran líder. Demasiados libros se han publicado para enseñarle a la gente que deberían ser así o asá entonces se convertirán en el próximo gran líder que el mundo conocerá.

Igual que todas las otras cualidades que llegamos a conocer, el liderazgo también es un rasgo raro que cualquiera puede poseer. Es raro, por eso tanta gente lo quiere, pero nunca lo tiene. Siempre se quiere saber por qué ha habido tantos grandes libros sobre liderazgo, pero el gran liderazgo todavía es difícil de tener.

La gente busca por todos lados, pero no busca en si misma. Parecen olvidar que el liderazgo no es solo el título o la persona; es la totalidad de una persona que constituye sus acciones, forma de pensar, cualidades y su carisma resonante. Todas estas cosas son las cosas simples que la mayoría de la gente olvida.

Este libro contiene estrategias y cualidades que un buen líder debe poseer. Dentro, leerás sobre las cualidades de un líder que lo ayudarán al tratar con gente real y circunstancias de la vida real. Este libro consiste en 5 capítulos que cubren puntos significativos e importantes para guiarte en tu búsqueda de convertirte en un gran líder de por vida.

Léelo y alimenta tu mente con nueva información sobre las cualidades que un verdadero líder tiene de verdad.

Gracias de nuevo por descargar este libro, ¡espero que lo disfrutes!

Capítulo 1 - Entendiendo el liderazgo

Según tu propio entendimiento, ¿qué es el liderazgo? Si dices que el liderazgo es poder comandar a la gente, tienes parcialmente razón. Los líderes comandan a la gente. Si dices que tiene que ver con gerenciar gente, entonces, de nuevo, tienes parcialmente razón. Los líderes, de verdad, gerencian gente. Si dices que el liderazgo significa tener la habilidad de liderar a la gente, entonces aún tienes razón. Los líderes son llamados así porque de verdad lideran a otras personas. Todas estas definiciones están bien, pero no totalmente correctas. ¿Por qué? Porque todas estas definiciones están centradas en la persona que lidera y no involucran a otros, al personal o a los miembros del equipo.

El verdadero liderazgo significa poder compartir tu vida con la gente que lideras. Un líder que no involucra a sus miembros cuando se trata de planificar no es un buen líder. Un líder que hace las cosas solo y no colabora es un líder, pero no uno bueno. Un líder que dirige a los miembros de su equipo sin permitirles hacer lo que los hace felices, no posee fuerte talento de liderazgo. Cualquiera puede ser un líder, pero no todos pueden ser uno grande.

Mucha gente quiere ser la que lidera. ¿Por qué? Porque mucha gente quiere ser escuchada. Todos queremos tener siempre la razón, ser el que la gente escucha y en el que la gente se abre. Pero, para ser un líder no alcanza solo con poder liderar. El liderazgo es esa habilidad de crear una visión con tu equipo, unir a la gente que comparte la misma visión que tú y darle vida a esa visión. No se trata de cambiar la opinión de la gente y tratar de manipular las vidas de otros, se trata de practicar lo que predicas. La gente que te ve hacer lo que dices, te verá como alguien que es influyente e inspirador. Alguien que actúa en lugar de solo apenas hablar. Eso es lo que hace un gran líder.

El liderazgo no es solo tener el poder de manipular a la gente y dejarlos hacer lo que tú quieres que hagan, no funciona de esa forma. No se trata de tener la poderosa y autoritaria estatura o la sabiduría que rebosa que te ganaría el respeto de la gente. Es una combinación de diferentes aspectos. El liderazgo es tener las cualidades que ayudarían a tu equipo a mantenerse juntos y finalizar un proyecto al unísono.

En los capítulos sucesivos aprenderás sobre varias cualidades que un buen líder debe tener para ser efectivo. Todas estas cualidades son solo básicas, pero vitales para mejorar tu talento de liderazgo. Chequéalas para descubrir si posees buenas cualidades de liderazgo o apréndelas para perfeccionarlas si todavía te faltan esas cualidades.

Capítulo 2: Las Batallas Privadas

Todos los grandes líderes empiezan dentro de ellos mismos. Nunca salen a liderar a otros sin primero liderar sus propias vidas y enfrentar sus propias luchas. Conocen sus debilidades y las usan para sacar fuerzas. La mayoría de los líderes han enfrentado adversidades y aprendieron mucho, lo que los hace una mejor versión de lo que eran antes.

Cualidad Nº 1 - Dedicación al Servicio

Los buenos líderes son buenos seguidores. Ponen primero a los otro antes que ellos mismos. Los verdaderos líderes sirven a la gente. Sirven primero a otros y no piensan en ellos mismos. Siempre creen que el éxito no es un esfuerzo individual sino de trabajo en equipo. Un buen líder siempre le da el crédito al equipo detrás del éxito de un proyecto. Siempre es bueno/a siguiendo instrucciones. Cuando un/a líder escucha, lo hace con esmero y se pone en los zapatos de los otros.

Los buenos líderes son cuidadosos cuando siguen instrucciones y ponen atención a los detalles. Algunas personas que intentan ser grandes líderes fallan porque ni siquiera pueden seguir una simple instrucción. Seguir es simple, pero no todos pueden hacerlo simplemente porque no pueden bajarse de su pedestal. Seguir es demostrar que simplemente no estás por sobre nadie en la habitación. Si tienes este rasgo, entonces tienes una de las mejores cualidades de un buen líder.

Cualidad Nº 2 - Autodisciplina

La autodisciplina no se trata solo de restricción, es ser capaz de controlarte y tener el coraje de decir no a cosas que son menos importantes. Para ser un gran líder, debes ser capaz de ganar batallas privadas primero dentro de ti mismo antes de que puedas ganar las luchas públicas. No puedes imponerle cosas a otras personas si ni siquiera reaccionas ante eso en ti mismo. La autodisciplina puede recorrer un largo camino cuando te conviertes en un líder, por eso es importante que le pongas atención. Puedes influenciar a otras personas con como actúas y con las cosas que haces.

Cualidad Nº 3 - Pasión

Todos deben tener pasión. Es el impulso que les hace hacer las cosas, incluso las imposibles. Los grandes líderes no solo hacen las cosas por el bien de hacerlo. Hacen lo que aman hacer. Muy a menudo, tienen un equipo de gente que comparte la misma pasión que ellos. Siempre encuentran algo que lograr o un objetivo que conseguir. Un/a buen/a líder tiene un objetivo que quiere alcanzar. Su pasión va más allá del trabajo que hace y las cosas que debe finalizar. Es su fuerza motriz y la principal razón de por que hace las cosas.

Cualidad Nº 4 - Compromiso

Si quieres que tu equipo ponga el 100% y produzca trabajo de calidad, necesitas liderar con el ejemplo. Necesitas servir como su modelo. Nada puede motivar más a un trabajador que ver a su jefe trabajando fuerte a la par de todos los demás. Siempre es bueno ver a tu jefe trabajando y no solo al mando de todos, sino que está de verdad comprometido en realizar el trabajo. Al mostrar cuan comprometido estás en lograr el objetivo de tu equipo y tu papel como líder, no solo te ganas el respeto de tu equipo, sino que también inculcas el mismo compromiso y energía en tu personal.

Además de trabajar fuerte, el compromiso no solo se demuestra terminando el trabajo a mano, también se demuestra en las promesas que haces. Si prometes darle a tu personal un dinero extra como un bono o la promesa de ser anfitrión de una fiesta el viernes a la noche, mantén tu palabra. No solo quieres crear una reputación de ser un líder que trabaja fuerte, sino también uno que es justo. Una vez que te hayas ganado el respeto de todo el equipo, es más probable que aporten la clase de trabajo de calidad que tú quieres que den.

Cualidad 5 - Responsabilizarse

Un buen líder se responsabiliza por sus acciones y no culpa a nadie más por sus fallas. Si quieres ser un buen líder, deber ser capaz de aprender a responsabilizarte por tus acciones. Si perdiste el objetivo, encuentra la falla en ti mismo en lugar de apuntar un dedo hacia alguien más. En lugar de regañar a todo el equipo por un proyecto fallido, fíjate en lo que perdiste y aprende de eso. Si crees que tienes el derecho de lavarte las manos cuando las cosas no salen como estaban planeadas, entonces estás equivocado. Si lideras a tu gente al éxito, también eres tú quien tiene el poder de liderarlos hacia el fracaso.

Capítulo 3: Relaciones y Comunicación Efectiva

Para ser un buen líder, uno debe entender lo que realmente es la comunicación. Algunas personas piensan que un líder siempre habla, pero la mayoría de los grandes líderes que el mundo ha conocido dirían otra cosa. Los buenos líderes son comunicadores efectivos. Pueden transmitir lo que quieren decir y tienen el carisma que puede atraer la atención de otra gente hacia ellos.

Cualidad Nº 1 - Escucha con Esmero

La gente puede oír, pero no todos escuchan. La mayoría de las veces, cuando alguien habla solo escuchamos, pero no escuchamos realmente bien. Los buenos líderes no solo escuchan, escuchan con esmero. Siempre se aseguran de que quien habla es oído y que las opiniones son expresadas. Los líderes que persiguen el éxito y terminan liderando un equipo de cientos de hombres serían capaces de dar fe de que si quieres ser un buen líder, también deberías ser un buen oyente. Se trata de permanecer en silencio y escuchar lo que tus miembros quieran decir.

No todas las ideas deben venir de ti y todos en tu equipo tienen algo para contribuir. Si solo considerarías tu opinión o idea pensando que es la mejor, entonces mejor que lo pienses de nuevo. Pensar de esa forma sería tu boleto hacia el fracaso. Un buen líder siempre tiene el oído para escuchar lo que los seguidores tienen que decir.

Cualidad Nº 2 - Comunica con claridad

Puedes tener tanto autoridad como confianza, pero aún respetar las opiniones de otros. Un buen líder debería aprender el arte de decir 'No' sin cavar un agujero en el corazón de nadie. No necesitas ser grosero solo para generar autoridad o para ser escuchado por tus seguidores. Las buenas palabras, el buen contenido y la confianza al hablar siempre atraen los oídos de la audiencia. No olvides considerar lo que tu audiencia necesita escuchar. Sin embargo, nunca jamás endulces tus palabras solo para complacer a la gente que te escucha. Se creíble cuando se trata de decir algo.

Nunca olvides la esencia de lo que estás transmitiendo así serás capaz de pasar el mensaje con claridad a tus oyentes. Otro punto que deber recordar es pensar primero sobre lo que quieres hablar. Piensa primero antes de decir algo. También es una buena cualidad de los líderes poder hablar con claridad a sus seguidores. Habla con confianza entonces tu mensaje no será ignorado. Exprésate con respeto a tus oyentes. Siempre recuerda que la gente recordará como dices las cosas, así que exprésate con claridad. Simplifica tu mensaje y ve derecho al punto. Piensa con sinceridad en tu audiencia, entonces sabrás que decirles.

Cualidad Nº 3 - Busca Respuesta

Siempre pregunta la opinión de otras personas o lo que tengan que decir sobre el tema. Busca respuesta y ábrete a los sentimientos de tus seguidores. Los buenos líderes aman aprender de sus seguidores. Esta es solo una forma de dejarles saber a tus seguidores que valoras sus opiniones y que pueden ser sinceros en relación a cierto tema. Solo asegúrate de hacerle entender a tu equipo que el objetivo de la comunicación es elaborar una idea o una llamada a la acción. Valora sus opiniones, ideas y palabras así los mantendrás más tiempo contigo. Todos quieren ser escuchados, también tus seguidores.

Cualidad Nº 4 - Hablar la verdad

No sirve endulzar las cosas cuando te comunicas con tus miembros. Además del que irte por las ramas es una pérdida de tiempo, también demuestra incompetencia y falta de confianza. Y no necesitas estas cosas por el momento. Así es que, mejor habla con claridad y habla la verdad todo el tiempo.

Capítulo 4: Cualidades para gerenciar al personal

Todos los líderes deberían no solo se enfocan en mejorar sus habilidades de comunicación, deben perfeccionar su habilidad para gerenciar a su equipo. Un líder gerencia un gran número de gente. Y no importa lo buenos que sean algunos líderes en comunicación, todavía hay otras cosas que deben hacer con eficacia. Deben poseer magníficas cualidades de dirección para manejar al personal y maximizar las habilidades de cada miembro.

Cualidad 1 - Habilidad para Delegar Tareas

Es importante pulir tu visión de marca si quieres crear un equipo bien organizado y competente. Solo asegúrate de que estás dispuesto a confiar en tu personal cuando se trata de llevar a cabo tareas asignadas a ellos y asegurarse de que están en línea con tu visión. Esto te evitará atascarte en tu nivel actual. Necesitas confiar en la habilidad de tu personal si quieres pasar a las siguientes fases de tu proyecto.

Como líder, debes aprender a confiar en la habilidad de tu personal para finalizar una tarea que le asignas. Es importante que conozcas las fortalezas y debilidades de todos, para que puedas delegar tareas a los departamentos apropiados. Delegar tareas es una de las habilidades más cruciales que debes perfeccionar y tomar nota para que tu negocio crezca. Si no confías en tu equipo y en vez de eso haces las cosas por tu cuenta, el trabajo comenzará a amontonarse; y cuanto más te estires hasta el límite menor será la calidad de tu trabajo, lo que resulta en pérdidas.

La clave para delegar tareas es valorar e identificar las fortalezas de cada uno de tus miembros, y enfocarte en eso. Descubre lo que a cada uno de tu personal le encanta más hacer o la tarea en la que trabajan mejor y capitalízalo. Lo más probable es que si aman la tarea que tienen asignada, trabajarán más fuerte y con menor presión en esa tarea. Hacer eso es una situación en la que todos ganan para ti y el miembro de tu equipo, ya que se darán cuenta que confías en ellos y crees en sus capacidades.

La sensación de que tu jefe confía en ti es tan importante que la mayoría del personal nunca querrá romperla. Pondrán más esfuerzo en todo lo que hacen y les encantará trabajar más. También te dará más tiempo y energía para enfocarte en las tareas más difíciles y desafiantes. Es solo un simple acto de balance, pero tendrá un enorme impacto en la productividad de tu negocio.

Cualidad 2 - Habilidad para Inspirar

Establecer un negocio a menudo incluye un poco de cálculos, en especial si todavía estás empezando. Debes inspirar a tu equipo a que vean la visión que tú ves. Dicho sencillamente, todos ustedes deben ver hacia la misma dirección. Como un gran líder, no debes demandar que otros te sigan o que tengan los mismos principios que tú tienes. En lugar de forzar a tu personal a que entreguen el mismo nivel de energía y entusiasmo que tú tienes, intenta que se involucren en tus actividades. Es importante que les dejes ver lo mucho que quieres alcanzar los objetivos de tu equipo.

Si reúnes a personas que están en el mismo bote que tú, es probable que alcances tu objetivo sin sobresaltos. Sin embargo, hay veces en que tu mente no coincide con tu equipo y cuando esto sucede no tienes que cambiar a tu gente solo para que las cosas se resuelvan bien. Solo necesitas inspirarlos y dejarles saber por qué haces las cosas que haces. Esta es una mejor forma de alentarlos, así todos pueden lograr tu visión.

Cualidad 3 - Generosidad

Todo líder debería saber cómo recompensar los grandes esfuerzos de un miembro. Crear un sistema de premios en tu negocio es una gran forma de decirle a tu personal que la productividad y el trabajo fuerte serán pagados. O sea, recompensas justas por trabajo justo. Todos los líderes en este mundo nunca han tenido éxito solos. Tienen un equipo. Trabajan con otra gente y mantienen ese equipo cuidándolos. La mejor forma de cuidar a tu equipo es reconocer su trabajo a través de tu generosidad.

Liderar a tu equipo con eficacia requiere que oigas sus comentarios y les des regalos y recompensas por su trabajo intenso y sus contribuciones positivas a un proyecto. Las recompensas no tienen que ser extravagantes. Simples regalos o gestos de agradecimiento son suficientes para inspirarlos a hacer lo mejor y los motivará a mantener el buen trabajo.

Capítulo 5: Cualidades de un Líder al Tomar Decisiones y Manejar Crisis

Como líder, siempre debes tener un plan B en todo lo que haces. Si no tienen otro plan, entonces puedes encontrar dificultades para tratar con las consecuencias nefastas de tus decisiones. Estas son algunas cualidades importantes de un líder que te ayudarán mucho durante tiempos difíciles, en especial cuando se trata de tomar decisiones y manejar crisis.

Cualidad 1 - Intuición

Cuando liderar un equipo a través de áreas desconocidas o extrañas, usualmente no hay hoja de ruta que te diga qué hacer o que seguir. Todo es confuso y cuando cosas así suceden la presión a veces es demasiada para sobrellevarla. Durante los momentos en que te aventuras por aguas inexploradas, la intuición natural de un lídertiene que notarse. Es tu responsabilidad guiar a tu equipo a través del proceso de tus actividades cotidianas. A veces, no estás 100% seguro sobre las cosas, pero tienes que confiar en tu intuición y también en los miembros de tu equipo. Luego, cuando sucede algo nuevo, y te enfrentas con escenarios inesperados, tu equipo definitivamente te buscará para que los guíes.

Aprender de tus experiencias y decidir basado en lo que aprendiste debería implementarse cuando enfrentas una crisis. Aunque, eventualmente, las circunstancias difíciles pasarán tú terminarás aprendiendo de esas situaciones. Simplemente tienes que confiar en tus instintos viscerales para las respuestas correctas. Si has cometido una equivocación, entonces aprende de ella y tómala como una experiencia de aprendizaje que puedes usar después en la vida. Solo recuerda confiar en ti mismo. Confiar en ti mismo y en tu decisión es importante cuando planeas conseguir la confianza de tu equipo.

Cualidad 2 - Creatividad

Los grandes líderes usualmentepiensan fuera de lo común. Tienen una visión más amplia y van más allá de lo convencional. Siempre tienen una segunda opción, otra elección, o un plan B. Ser creativo es vital como líder. Te ayuda muchísimo no solo en formular las mejores decisiones, sino también en elegir una solución para un problema que cosecharía el mejor resultado.

Durante una crisis o una situación inesperada, la mayoría de tu equipo va a levantar la vista y buscar tu decisión. Así que, necesitas improvisar y ser creativo cuando tomas decisiones. Tu decisión debe ser tanto efectiva como creativa. Aprende a sopesar las cosas y nunca jamás apresures tus decisiones.

Cualidad 3 - Sentido del Humor

Aunque no es un requisito, un gran líder que ilumina el ambiente en un lugar de trabajo es más preferido por el personal que un jefe severo y rígido. Dado que es tu responsabilidad dejar que la energía positiva fluya en tu ambiente laboral, entonces contar un chiste seguramente funcionará bien. Basado en investigaciones, la gente aprende más cuando una información o idea es entregada de una forma humorística.

Reír libera hormonas que hacen que alguien se sienta bien, por eso permite que una persona absorba información fácilmente. Esto también sucede en tu lugar laboral. Si puedes hacer el ambiente menos serio, es muy probable que tu personal pueda trabajar de manera más eficiente. Ninguna presión será aumentada. Será más fácil alcanzar el objetivo de tu equipo si todos se sienten bien mientras trabajan.

Conclusión

Ser un gran líder no es un paseo por el parque. Implica trabajar fuerte y aprender de tus errores. Ejecutivos, líderes y la gente importante que el mundo ha llegado a conocer han pasado por diferentes eventos en sus vidas que los hicieron quienes son ahora mismo. Todos empezaron de abajo y tenían poca experiencia. No obstante, con muchos años de mucho trabajo y adquirir información, han aprendido a desarrollar las cualidades de ser un buen líder.

Si deseas ser un buen líder, entonces está dispuesto a hacer algunos cambios en tu comportamiento actual. Perfecciona tus habilidades de liderazgo al adquirir las cualidades de un buen líder. También debes entender que para ser un buen líder, también debes ser un buen seguidor. Para ser oído, debes hablar con claridad y también aprender a escuchar a los otros. Para ser seguido, debes ser un buen ejemplo que sea digno de ser seguido por la gente a tu alrededor.

Nunca olvides que ser un líder no se trata de ti, sino que se trata de tu equipo y de la gente con la que trabajas. El mundo no gira alrededor tuyo. Las cosas afectan a otras cosas y debes elegir con cuidado las cosas que quieres hacer. Siempre piensa fuera de lo común y ten una visión más amplia. Nunca olvides prestar un oído a tus miembros. A veces, para ser un buen líder, debes ser también uno de los miembros.

¡Gracias de nuevo por descargar este libro!

Espero que este libro te haya ayudado a identificar las mejores cualidades que un buen líder debe poseer. Estas son solo unas pocas, pero son consideradas las cualidades más indispensables de un gran líder.

¡Gracias y buena suerte!

Parte 2

INTRODUCCIÓN

La historia está llena de ejemplos de grandes líderes; estas son personas que inspiran a otras en tiempos de gran necesidad y esos que motivan a otros a hacer del mundo un lugar mejor. Los líderes son parte esencial de la vida; ya sea en los negocios y en la vida personal. Ellos son excelentes comunicando sus intensiones, evaluando el potencial de determinadas personas y motivándolas a hacer su trabajo

No obstante, un líder hace mucho más que garantizar el cumplimiento de las actividades establecidas dentro de una organización;pues ellos están allí para ofrecer orientación a otros, esto aumenta su confianza y los capacita para alcanzar sus propios pequeños objetivos. De hecho un buen líder ayuda a sus seguidores a desarrollar sus habilidades y convertirse en mejores personas.

Por supuesto que no todos en el mundo pueden ser líderes. Algunas personas han nacido con una tendencia natural a guiar a otras, mientras que muchas personas simplemente están buscando a alguien que les brinde seguridad, orientación y apoyo. Existen actividades determinadas para todo tipo de persona; Los líderes no son necesariamente los mejores cuando se trata de realizar el trabajo diario, pero son quienes pueden motivar e inspirar a las personas con las habilidades necesarias para llevar a cabo estas tareas, es por esto que es esencial conocer a cada miembro del equipo, porque cada uno de ellos hace que completar los proyectos sea posible.

Muchas personas se conforman con ser seguidores si esto les garantizala seguridad que desesperadamente quieren, este es un instinto primitivo, un deseo de ser guiado y protegido. Los súper líderes reconocen esta necesidad de sus seguidores y toman en cuenta sus necesidades. Los líderes también tienen en consideración que, a veces, su estilo de liderazgo debe cambiar con el fin de alcanzar los resultados deseados.

Los mejores líderes son aquellos que tienen afinidad con las personas que guían; ellos construyen una relación con sus seguidores. Esta afinidad es lo que le permite a alguien liderar, sin eso siempre habrá resistencia a las acciones y decisiones que ellos tomen. Los líderes también son parte esencial de la vida diaria; un líder es esencial para brindar orientación y dirección a otros. Las personas que se asocian sin un líder usualmente terminarán discutiendo unos contra otros y su proyecto será un caos. Un líder debe resolver conflictos e imponer lineamientos necesarios para asegurar que todos tengan una oportunidad de expresar su opinión.

Es importante notar que un súper líder no ignora las opiniones de sus seguidores; el mejor líder involucrará a sus seguidores y buscará sus opiniones antes de tomar una decisión la cual estará basada en los intereses de todos los involucrados.Un líder debe ser un visionario, necesita tener claro cuál es el futuro que desea y por el cual suma los esfuerzos de sus seguidores, ya sea este en el plano político, en los negocios privados o incluso con el cumplimiento de algún sueño. Es su visión la que inspira a los otros y promueve un cambio positivo.

Quizás la creencia fundamental que mantienen todos los líderes es que ellos saben cómo hacer que pasen las cosas y toman las medidas necesarias para lograrlo.

Capítulo 1 – Los atributos clave de un súper líder.

La mayoría de los líderes tienen cualidades naturales de liderazgo; sin embargo, es posible que aprendan a ser súper líderes. La primera cosa que debes determinar es si ya tienes los atributos de un súper líder o si necesitas desarrollar tus habilidades.

- Un líder es honesto.

Esta habilidad es esencial en cada aspecto de la vida, pero es especialmente importante si eres un líder. Tú debes ser honesto con tu equipo sobre lo que tú esperas de ellos, debes ser honesto contigo mismo al determinar lo que es posible y debes ser honesto con las personas ajenas al proyecto para asegurar que este sea tomado con seriedad y que te brinden el apoyo solicitado.

Ser honesto también garantizará que todas las personas con las que te trabajes respeten tus deseos e intenten ayudarte, simplemente porque ellos conocerán claramente tus intenciones y sabrán que serías incapaz de traicionarlos.

- Un líder sabe delegar

Un gran líder sabe que no es posible hacer todo por su cuenta. De hecho, el problema no es que al día le falten horas para realizar todas las actividades que necesitas terminar, sino que hay otras personas que están mejor capacitadas para esas labores. Los mejores líderes aceptan sus propias limitaciones y saben emplear las habilidades de las personas que conforman su equipo para alcanzar sus metas.

Delegar asegura que tu equipo se sienta involucrado en el proyecto y esto asegurará que se mantengan motivados, es importante para ellos saber que su aporte hace la diferencia.

- Un líder tiene confía en sí mismo.

Incluso los mejores líderes se enfrentaran a situaciones donde las cosas no van de acuerdo al plan. Son esos momentos en los que debes tener confianza en tus propias acciones y en el proyecto del que estás encargado. Siempre encontrarás obstáculos pero debes enfocarte en las metas al largo plazo. La confianza en tus habilidades de conseguir el resultado deseado, asegurará que continúes trabajando cuando todo se complique. Esta es la actitud confiada que debes proyectar para que tu equipo se mantenga inspirado y saque adelante al proyecto sin importarlos obstáculos. Ellos te seguirán a ti.

- Un líder es dedicado.

Así como necesitas tener confianza en que tu visión se puede convertir en realidad también necesitas dedicarte a tu proyecto. Tu nivel de dedicación será observado por tu equipo y ellos se esforzarán para alcanzar el mismo nivel de entrega.

Esto será muy beneficioso si dudas de la sabiduría de tus propias tácticas, su inquebrantable fe en tus habilidades te inspirará para continuar.

Es esencial que permitas que tu equipo perciba tu devoción al proyecto. Un equipo que te ve trabajando largas horas y preparado para realizar cualquier tarea que sea necesaria, estará tan dedicada como tú. Puedes, literalmente, liderar con el ejemplo.

- Un líder es creativo.

Para dirigir a la gente hacia un mejor futuro necesitas ser creativo. Es esta creatividad que te permitirá encontrar soluciones alternas a los problemas que surjan. De hecho esto es lo que hace que un proyecto sea posible. Un súper líder es necesariamente un líder lo suficientemente creativo como para imaginar una nueva versión del futuro y enfocarse en descubrir los pasos a seguir para hacer realidad su visión.

Esa creatividad te ayudará a encontrar una solución rápidamente cuando enfrentes un problema. A veces no es posible terminar una tarea de la forma tradicional, necesitas pensar "fuera de la caja" para encontrar una solución que funcione con los recursos que tengas a mano.

- Un líder sabe comunicarse.

Este es probablemente el atributo más importante que un líder debe tener. Debes ser capaz de comunicar tus deseos efectivamente, esto asegurará que tu equipo sepa que es lo que se espera de ellos.

Los mejores líderes han aprendido a comunicarse efectivamente de forma concisa en muchos niveles; tu equipo necesita saber cuáles son tus metas y cuáles son los métodos que quieres emplear para alcanzar los objetivos. Junto a esto vas a necesitar comunicar los lineamientos concernientes al comportamiento esperado e incluso proporcionar retroalimentación sobre su desempeño.

- Un líder tiene una actitud positiva.

Todo súper líder necesita de una actitud positiva. No existe adversidad que no se pueda superar, no hay problema que no se pueda resolver. Una actitud positiva es esencial para asegurar que no renuncies al enfrentar el primer contratiempo. Habrá obstáculos y desafíos a lo largo del camino y a pesar de ellos tú debes prevalecer.

Cultivar un enfoque optimista puede influenciar a tu equipo, ellos adoptarán la misma actitud. Si la mayoría de tu grupo mantiene una actitud positiva, una disposición innata para llevar a cabo todas las actividades, entonces todo es posible.

Una actitud positiva también puede ayudarte a ti y a tu equipo a sobreponerse ante cualquier problema o error interno. En lugar de quedarse en el pasado culpando a su equipo, un líder debe aprender de ellos y seguir adelante; siempre enfocándose en lo positivo y en el futuro.

- Un líder esempático

Debes ser sensible con las necesidades de aquellos que te rodean, la economía global e incluso cualquier competencia. La sensibilidad o empatía son vistas con frecuencia como señales de debilidad, sin embargo es una de las mayores ventajas de cualquier líder.

Al manifestar tu sensibilidad serás capaz de tener plena conciencia de lo que está pasando a tu alrededor. Ya sea algún problema personal de algún miembro de tu equipo o algún inconveniente en el mercado que se esté gestando. La gente sensible tiende a estar mejor conectada con el ambiente que les rodea, si desarrollas tu sensibilidad estarás listo prevenir complicaciones antes de que surjan.

- Un líder es inspirador

Un súper líder debe ser inspirador, esto significa que debe ser capaz de visualizar un concepto en el futuro y hacerlo realidad. De hecho tú puedes ser inspirador de una forma más sencilla. Comparte tu visión y tu pasión por la misma con tu equipo, esto los motivará y los inspirará a creer en tu sueño.

Tu inspiración puede convertirse en el sueño de mucha gente si te concentras tanto en el resultado final como en inspirar a quienes están a tu alrededor ayudándote a cumplirlo. Esto te permitirá construir algo para el futuro que puede potencialmente inspirar a millones de personas y asegurará que tu equipo tenga una razón para trabajar duro y triunfar.

- Un líder es intuitivo

Cuando hablamos de intuición nos referimos a las corazonadas, que son el resultado de estar atento a lo que está pasando a tu alrededor y de confiar en que tus instintos te van a indicar qué pasará después. El mercado y la economía global están en constante cambio y tú podrías necesitar reaccionar rápidamente a las nuevas tendencias.

Como ya ha sido mencionado esto puede

significar "pensar fuera de la caja" presentar una solución única:

Un buen líderes capaz de basar sus decisiones en su intuición pero tambiénva a tomar su tiempo para contemplar todos los asuntos relevantes para asegurarse de que se va a tomar la mejor decisión posible para luego implementarla.

Si tu intuición te dice que una decisión previa puede haber sido un error no gastes mucho tiempo lamentándola, simplemente aprende de ella y sigue adelante.

- Un líder es decidido

Cuando una decisión necesita ser tomada un gran líder contemplará toda la información relevante y decidirá con base en la evidencia observada. Este es un atributo importante que debes desarrollar, reunir todos los hechos que puedas y luego decidir cuál es el mejor curso de acción según tu criterio. Una vez hayas alcanzado una decisión debes apegarte a ella y seguir adelante.

Es importante que tomes en consideración que a veces necesitarás tomar una decisión de inmediato y otras veces tendrás tiempo para considerar los hechos en detalle. Para asegurarte de que serás capaz de tomar una decisión debes mantenerte al día con todas las actualizaciones y cambios tanto en tu proyecto como en cualquier cosa que pueda afectarlo. Esto facilitará que tomes la mejor decisión posible y que lo hagas rápido de ser necesario.

Ser capaz de tomar decisiones rápidas y justas también inspirará confianza en tu equipo, si ellos creen que tú estás en control y que sabes lo que haces ellos responderán bien a tus exigencias.

- Un líder sabe escuchar

Esta es una habilidad esencial en cualquier área de la vida, y todo líder debe ponerla en práctica para perfeccionarla. Las mejores negociaciones y conversaciones ocurren cuando pasas al menos el ochenta por ciento de tu tiempo escuchando a la otra persona.

Escuchar te permite averiguar cuáles son los problemas de fondo, tanto los que se presenten con tu personal o los relacionados con tu proyecto. Si tú sabes cuáles son los problemas serás capaz de reaccionar y lidiar con ellos apropiadamente, ¡Hacer esto es simplemente imposible sin escuchar!

Los mejores líderes siempre están dispuestos a escuchar a otros ya que sus ideas pueden ampliar su perspectiva, normalmente esto ocurre con personas que trabajan en partes especificas del proyecto. Es probable que ellos tengan un conocimiento profundo de un asunto en particular y de cómo eso afecta a todo el proyecto o incluso saber cómo puede mejorarse.

Escuchar le hace saber a tu equipo que su opinión cuenta, esto los hará sentir apreciados y asegurará que trabajen más duro y que estén más comprometidos con el proyecto.

- Un líder es responsable.

Un súper líder reconoce que él tiene un compromiso consigo mismo, y con la meta que persigue su proyecto. En todo momento un líder debe ser consciente de las necesidades de su equipo y su proyecto, además deben estar preparados para asumir la responsabilidad por las acciones de su equipo. Los líderes deben entender y admitir que el éxito o fracaso de cualquier proyecto está depende de su liderazgo, innovación y motivación al logro. La responsabilidad caerá sobre tus hombros, incluso si un miembro de tu equipo haya causado la ruina del proyecto. La razón detrás de esto es que un líder debe motivar a su equipo y garantizar que su proyecto sea completado con éxito, tienes que estar dispuesto a todo lo que sea necesario para asegurarte de que tu proyecto tenga éxito, hacerlo posible. Es esta cualidad la que te permitirá guiar a otros hasta un resultado exitoso. Su éxito es tu éxito y su fracaso también es compartido.

- Un líder tiene sentido del humor

Puede ser muy fácil que un proyecto tome el control de tu vida y es muy probable que te obsesiones con el resultado o dirección en la cual el proyecto se dirige. Sin embargo un verdadero gran líder reconocerá que el mejor trabajo es producido por gente que está relajada y que está disfrutando de su trabajo. Es entonces tu responsabilidad garantizar que le estás dando a la gente la oportunidad de relajarse y esparcirse. Mientras más complejo sea el proyecto o más cercana sea la fecha de entrega el tiempo para relajarse se vuelve más importante. Tener buen sentido del humor te permitirá conectarte directamente con tu equipo y construir relaciones con ellos.

Puede ser usado para aligerar el ambiente y mostrar que eres humano. Esto ayudará a otros a confiar en ti demostrando que eres accesible. Esto relaja a la gente y permite que su lado creativo salga para proporciones nuevas formas de resolver problemas o de hacer avanzar el proyecto.

- Un líder es optimista

Un líder debe ser optimista, necesitas enfocarte en lo bueno en cualquier situación y usar esto para inspirar a tu equipo y a ti mismo. Esto garantizará que tú siempre estés avanzando y que tu equipo se sienta cómodo acudiendo a ti para resolver un problema.

Ser optimista también te permitirá ver el potencial en dos o más personas trabajando juntas y el resultado que puede ser alcanzado. Tu optimismo puede inspirar a otros a lograr más y hacer lo que pensaban que era imposible.

Quizás lo más importante, eso asegurará que tú siempre creas que hay una forma de seguir adelante, esta creencia será transmitida a tu equipo y juntos serán capaces de descubrir el camino correcto.

Capítulo 2 Desarrollando tus habilidades gerenciales

Una parte importante de ser un súper líder es entender cómo manejar a tus recursos humanos y sus expectativas para elegir el mejor método para asegurar que ellos den constantemente su mejor esfuerzo. Para garantizar que estás consiguiendo el máximo de tu equipo y que tu proyecto está bien encaminado, es esencial que entiendas y trabajes en integrar las siguientes prácticas:

- Dar retroalimentación

Tu equipo está integrado por personas, y a la mayoría de la gente le gusta recibir retroalimentación ya sea positiva o negativa. Como un buen líder debes tomarte el tiempo de hablar regularmente con cada miembro de tu equipo para darles su retroalimentación. Esto ayudará a motivarlos y a inspirarlos también te dará la oportunidad de garantizar que las cosas se están haciendo de la manera correcta.

Puedes dar retroalimentación en cualquier momento, no hay necesidad de esperar por la evaluación periódica del personal. Esto es particularmente cierto cuando te das cuenta de un problema que necesita una solución rápida, en este caso no tiene caso esperar el momento de la evaluación para intervenir.

Por respeto a tu personal solo debes dar críticas constructivas es privado al miembro en cuestión. Avergonzarlos en frente del resto del equipo no va a elevar la moral ni la productividad del equipo. Si debes elogiar a alguna persona de tu equipo puedes hacerlo públicamente siempre y cuando sea bueno para los demás estar al tanto de cómo este individuo ha ayudado al grupo y el hecho ya ha sido notado por los demás.

- Dedicarle tiempo a tu equipo

Tu equipo está conformado por un grupo de personas, y cada uno de ellos tiene sus propios problemas y asuntos que afrontar, esto puede requerir de tu apoyo. Es esencial dedicarle tiempo a tú equipo cada día, puedes hablar con algunos de ellos o con todos y preguntar si tienen algún asunto en el cual tú los podrías ayudar en el trabajo o en casa.

Además de esto es esencial que tu equipo sepa que siempre estás disponible para discutir sus necesidades y problemas. Esto no significa que pueden interrumpirte en cualquier momento del día, sino que si tienen alguna cosa que conversar contigo tú encontrarás tiempo para atenderlos.

Recuerda tu equipo es tu recurso más importante.

- Encontrar el equilibrio

Debe haber un equilibrio entre ser muy amigable y no ser accesible, debes ser parte de cada área del proyecto sin controlar cada detalle. Tu equipo debe ser capaz de completar las tareas asignadas a ellos sin que vigiles cada uno de sus movimientos, sin embargo necesitas monitorear su progreso para asegurar que el proyecto sea culminado a tiempo de la manera esperada. ¡No hay beneficios en descubrir al final del proyecto que una parte era completamente deficiente!

Aprender a encontrar el equilibrio te dará

a ti y a tu equipo tiempo libre para ser creativo y prosperar sin dañar el proyecto.

- Evitar los excesos de confianza

Mientras más pequeño sea tu equipo más fácil, y potencialmente, más tentador se hará entablar relaciones de amistad con tus colegas. Sin embargo como un súper líder ¡esta no es una buena idea! Los gerentes que son muy amigables con su propio personal difuminan la línea entre la amistad y el profesionalismo. Esto a menudo resulta en abuso de la relación por uno o por ambas partes cuando la necesidad de acudir a un amigo supera las necesidades del proyecto.

Ser muy amistoso con tu equipo incluso puede causar que sea increíblemente difícil ser justo o simplemente tomar una decisión si debes tomar medidas extremas. Esto no quiere decir que no puedas socializar y disfrutar del tiempo con tu equipo, pero debes hacerlo con moderación.

- Ser motivador

Un gran líder sabe que cada miembro de su equipo necesita ser motivado. Uno de los errores más comunes es asumir que la motivación proviene de un aumento en la remuneración. No obstante hay diferentes maneras de motivar a tu equipo y debes entender cuáles son las prioridades y deseos que rigen a cada miembro delpersonal. Algunos podrían preferir ser capaces de trabajar desde casa mientras que otros les gustaría tener un horario flexible.

Como gerente y como líder necesitas establecer qué es lo que cada miembro de tu grupo valora más, puedes ofrecerles esto tanto como un incentivo o como una recompensa.

- Ser cuidadoso a la hora de reclutar

En múltiples ocasiones tendrás que reclutar a un miembro de tu personal para tu equipo ya sea para reemplazar a algún miembro, o para agregar más personas al mismo. Esto puede derivar en un proceso extenuante, puede que tengas que lidiar con cientos de aplicaciones y además debas sacar tiempo para realizar entrevistas. El resultado de esto es que el proceso de selección es a menudo muy apresurado y no necesariamente eliges a la mejor persona.

Para eso es esencial disponer de suficiente tiempo para hacerlo bien. Tú necesitarás reflexionar sobre la posición a la que ellos están aplicando y que cualidades necesitan tener. También debes pensar con quienes estarán trabajando y cómo se integrarán a tu equipo.

Finalmente, tomarse el tiempo para elegir al candidato correcto significará que el tiempo que dedicarás en entrenamiento será mínimo y que no necesitarás repetir todo el proceso en unas semanas cuando ellos renuncien.

- Ser un modelo a seguir

Los mejores líderes siempre dan el ejemplo sobre cómo enfrentar los desafíos diarios. Un buen líder se abstendrá de hacer comentarios negativos, particularmente sobre los otros miembros del equipo. Si tú haces comentaros negativos, será difícil pedirle a tu equipo que no haga lo mismo. Tener una actitud negativa ya sea en contra de cualquier parte del proyecto o sobre algún miembro del equipo bajará la moral de todos los miembros. Esto afectará la productividad y la creatividad en el proyecto.

- Delegar responsabilidades

Un buen gerente sabe que no puede controlar todo. De hecho, los mejores gerentes no necesitan estar presentes para que sus equipos sepan que hacer y como continuar con el proyecto. Los mejores líderes consolidan toda la información disponible y asignan trabajos a los miembros de su equipo con base en sus habilidades individuales.

Para lograr esto es necesario aprender a delegar la responsabilidad, a pesar de que tú serás responsable de todo el proyecto, no hay razones para que tu equipo no pueda lidiar con la mayoría de los asuntos cotidianos manejando su propia cuota de responsabilidad. Esto puede ser incentivadocon un sistema de recompensas.

Distribuir las responsabilidades del trabajo asegurará que estés libre para manejar el proyecto como un todo, en vez de quedarte atascado en los pequeños detalles.

- Conocer a tu equipo

Un buen gerente sabe de lo que es capaz cada persona de su equipo y utiliza estas habilidades para ayudar a todo el grupo. Esto significa reconocer que alguien es mejor que tú realizando una tarea en particular y permitiéndoles hacer el trabajo necesario.

Conocer a tu equipo también te permitirá estar atento a los problemas que puedan surgir y si es necesario asegurar que algunas personas trabajen en diferentes partes del proyecto para evitar algún conflicto personal entre tus colaboradores. Es inevitable que algunas personas no se lleven bien con otras, pero parte de tu trabajo como gerente es conocer estas situaciones y crear un ambiente de trabajo que estimule a cada miembro de tu equipo.

Al conocer a tu equipo y en consecuencia delegarles responsabilidades aumentará la productividad y la moral.

- Dar críticas constructivas

Un factor necesario de ser un súper líder y

un gerente es que a veces vas a necesitar corregir las acciones de tu equipo o incluso ajustar su método de trabajo y esta retroalimentación debe ser hecha con prontitud, mientras más tiempo se deje que alguien adopte un mal procedimiento será más difícil que deje de hacerlo en el futuro y el daño inadvertido que le hace al proyecto será mayor.

La crítica constructiva debe ser ofrecida en privado, para que los demás miembros del equipo no lo escuchen. Esto ayudará a prevenir que alguien pase vergüenza y evitará cualquier resentimiento. También te dará una oportunidad para evaluar a tu personal individualmente y corroborar si estos están felices con el rol asignado.

- Brinda oportunidades para mejorar

Muchas personas trabajan mejor cuando no solo perciben que el proyecto avanza, sino que también hay oportunidades para que ellos asciendan en la jerarquía del grupo. Puede que esto no le interese a cada miembro de tu equipo, pero será importante para algunos.

Para promover este sentimiento dentro de

tu equipo es esencial cada vez que sea posible. También debes considerar formas de recompensar a tu personal por un buen trabajo, en particular por asumir deberes extra. Esto asegurará que tu equipo se sienta apreciado y sabrán que hay oportunidades de mejoría si eso es lo que desean.

- Determinar objetivos

El objetivo del proyecto debe ser completado mediante las acciones del equipo dando como resultado un servicio o producto que cumpla con tus expectativas. No obstante, esta puede ser una meta muy al largo plazo lo cual puede hace difícil que se sientan realmente motivados e inspirados por ese objetivo distante en el tiempo.

Para liderar exitosamente a tu equipo, debes segmentar el proyecto en tantas metas pequeñas como sea posible, haciendo que tu equipo se enfrente a una meta a la vez. Esto te ayudará a establecer una escala de tiempo para el objetivo final y mantendrá a tu proyecto bien encaminado.

Cada mini-objetivo alcanzado debe ser celebrado con el equipo, esto asegurará que ellos se mantengan motivados y concentrados.

- Negociar

Incluso si eres el mejor gerente del mundo no puedes estar en lo correcto todo el tiempo. Mientras más grande sea el proyecto, sueño o negocio se vuelve más esencial tener a un grupo de gente que maneje las actividades del día a día. Como ya hemos discutido anteriormente es fundamental que utilices tus habilidades y solicitar la asistencia de otros para lidiar con los asuntos en que tú no eres tan bueno.

Sin embargo, cada vez que integras nuevas personas a tu proyecto también aumentas el número de opiniones e ideas que tienes que manejar. Para ser un súper líder debes desarrollar la habilidad de la negociación, deberás mantener a todos los miembros de tu equipo tan felices como sea posible y mantener al proyecto encaminado.

Tal vez el aspecto más importante de este rasgo clave de tu gestión es ser capaz de escuchar a todas las partes y discernir todas las perspectivas de cualquier discusión, entendiendo lo que tu equipo o incluso lo que tu competidor necesita esto te dará la posibilidad de encontrar una solución que funcione para todos, siempre hay un punto medio y el arte de la negociación es encontrar ese punto y sacar el máximo provecho de cada oportunidad. Incluso te puedes sorprender de las ideas que pueden venir de tu equipo y como ellas pueden impulsar tu proyecto de hacia adelante.

- Reconocer los logros

A todos les gusta sentir que están trabajando por una razón y que ellos no solo son un engranaje del equipo. Una de las maneras más fáciles de alcanzar esto es reconocer cada logro, sin importar que tan grande o pequeño este sea. El reconocimiento puede ser público o privado, esto debe depender del logro y de la recompensa que consideres apropiada por el resultado obtenido.

Es importante aclarar que este reconocimiento no tiene porque ser financiero, a pesar de que la mayoría de la gente aceptaría una recompensa monetaria, también aceptarían otro tipo de gestos; tal y como; un día libre, vales para ir a comer a algún restaurante elegante. En ocasiones lo que importa no es el regalo, sino el reconocimiento.

Esta es también una excelente manera de motivar a tu equipo y garantizar que ellos se sientan parte de tú proyecto; esto los inspirará a ser más productivos, innovadores y leales. Cada una de estas características enfocará al proyecto en los asuntos que realmente importan y a no gastar tiempo valioso o esfuerzo lidiando con asuntos mundanos.

- Crear una jerarquía

Para cualquier líder que quiera tener éxito al manejar y al dirigir un equipo es esencial que ambos tengan su estructura organizada y asegurarse de que todos la conozcan. Quizás quieras discutirla con tu equipo antes de formarla, o puedas organizarla desde el principio.

Una estructura le permitirá a cada miembro de tu equipo entender su rol y a quien le reportan, eso asegurará que todos los asuntos sean manejados con justicia y con eficiencia. También te permitirá definir quién es responsable por cada sección del proyecto, y simplificará la cadena de mando. Esto garantizará que tu tengas la información que necesitas siempre disponible cada vez que sea requerida para que te enfoques en lo que importa.

- Identificar tus valores

Sin tu equipo no serás capaz de completar tu proyecto o de alcanzar las metas que tú mismo te has impuesto. La primera parte de esta cualidad es asegurar que tú tengas tu propia gama de valoresla cual tu equipo pueda integrar en su ética de trabajo, Ellos verán que tú también sigues estos patrones de comportamiento y guiaras con el ejemplo.

La segunda parte de esta cualidad fundamental es la capacidad de valorar la contribución de otros, esto provocará que hagan su mejor esfuerzo y te permitirá ayudarlos a crecer personal y profesionalmente. Fomentar el desarrollo personal es una forma genial de mostrarle a tu equipo que los valoras a ellos y a sus aportes.

Otra manera de mostrarle a tu equipo que los aprecias es asegurarte de mantenerte flexible y accesible para ellos. No importa que tan grande sea su compromiso contigo y con el proyecto, habrá ocasiones en que tendrán problemas familiares que se convertirán en su prioridad sobre todo lo demás. Es importante ser flexible y tomar medidas para mostrar cuánto valoras a cada uno de ellos.

- Establecer prioridades

También es primordial que seas capaz de priorizar tu carga de trabajo, tus objetivos y tu equipo. Esto debe involucrar la creación de un plan para cada día para crear la flexibilidad que te permita ajustar tu horario para atender cualquier evento nuevo o coyuntura.

Entender tus prioridades asegurará que te enfoques en una cosa a la vez, esta es una táctica esencial para completar las tareas; lograrás mucho más abordando un trabajo después del otro y dedicando el cien por ciento de tus esfuerzos en el presente.

Entender cual tarea necesita ser terminada le demostrará a tu equipo que eres un líder positivo y decidido, así los inspirarás.

Capítulo 3: Aprendiendo a comunicarte efectivamente.

La comunicación es vital para ser exitoso, tanto en los negocios como en tu vida personal. Es algo que hacemos cada día, puede ser tan simple como saludar a un colega o a un amigo, eventualmente puede tratarse de presentar un proyecto a un grupo de inversores o incluso dar un discurso en público, cualquiera que sea el evento, ser capaz de comunicarte efectivamente y de conquistar a tu audiencia son las habilidades más importantes de convertirte en un súper líder.

Las siguientes técnicas te ayudarán a convertirte en el mejor comunicador posible:

- Conversaciones Personales

Para tener buena conversación debes llevarla al nivel personal, no importa si le estás hablando a una persona o a cien, debes permitirle a la audiencia escucharte y mirarte como a una persona. La mejor manera de hacer esto es introducir una pequeña anécdota de ti mismo, una que muestre tu esfuerzo por sobrevivir a una gran adversidad y que explique la forma en cómo triunfaste, esto le mostrará a aquellos que te escuchen que eres una persona de verdad, que tiene la habilidad de sentir empatía con su audiencia y que es capaz de sentir empatía contigo.

Esto hará que sea más fácil comunicar tus ideas y ganar el apoyo requerido.

- Entiende a tu audiencia

No importa el tamaño de tu audiencia es fundamental entender que quieren obtener de la conversación. Esto le permitirá iniciar la conversación y controlar lo que ellos entenderán, no solo sabrás qué necesitan, sino que estarás en posición de proporcionárselos. Sugiriéndoles que desean, ellos estarán predispuestos a seguirte.

Saber qué es lo que busca alguien puede ser ventajoso en cualquier conversación, y también es extremadamente útil cuando negocias con proveedores, clientes y competidores.

Los mejores líderes saben cómo comunicar sus necesidades a otros e inspirarlos con su propia visión, este es el resultado de conocer a tu audiencia y sus necesidades mientras hablas con ellos a un nivel personal.

- Entiende tu lenguaje corporal

Tu cuerpo puede decir mucho acerca de tu actitud, perspectiva e incluso tu humor, es primordial que estudies los movimientos de tu cuerpo, uno de losmovimientos más obvios es la imposibilidad de quedarse quieto normalmente esta es una señal de nerviosismo, no obstante, puede ser visto como una señal de ser apasionado sobre algún tema. Cruzar los brazos a la altura de tu pecho es una postura defensiva y da una imagen desagradable y terca, no es una imagen que quieras proyectar cuando tratas de comunicarte con alguien.

Si estás inseguro del mensaje que tu cuerpo está enviando, entonces deberías repetir una conversación o discurso enfrente de un espejo, una vez que estés solo. Podrías sorprenderte de lo que transmite tu cuerpo, ser consciente de esto facilitará anular los efectos negativos y comunicar el mensaje correcto cuando nos dirigimos a los demás. Comunicarse bien es vital si tu deseas que la gente te vea como un gran líder.

- Sé directo

Una de las cosas más difíciles de hacer cuando discutimos un asunto importante con cualquier persona, es ser totalmente honesto. Por supuesto que hay ocasiones donde ser completamente honesto puede jugar en tu contra, sin embargo, generalmente se entiende que la mejor política mientras discutes un asunto es ser honesto sobre tus pensamientos y deseos y decirle a la otra parte exactamente lo que deseas obtener de la reunión (o conversación).

Esto garantizará que ambas partes sepan y entiendan sus motivaciones y posiciones. Entonces depende entonces de ellos si quieren trabajar contigo, al final le estas dando una advertencia clara de que tienes un objetivo y que ellos deben decidir cómo actuar en consecuencia.

- Escucha

Esta característica es esencial sin importa el papel que estés interpretando. De hecho, es la habilidad más subestimada, pero es la más útil al negociar con alguien más. Hablar es una parte esencial de la comunicación y para ello es necesario escuchar bien y absorber toda la información es fundamental.

Escuchar no solamente te permitirá entender los riesgos y deseos de la otra parte, también construirá una relación de confianza y respeto. Los otros verán que te tomas el tiempo para escucharlos y te valorarán en tu calidad de persona. Esto te hará parecer digno de confianza y la gente tiende a responder mejor cuando entra en confianza.

- Sé mente abierta

Para convertirte en un súper líder necesitas abrir tu mente a las oportunidades disponibles que surjan dentro de tu equipo o en alguna otra fuente. Tú debes mantener la mente abierta a los demás medios de comunicación, ya sean las redes sociales o un cartel en la cola de un avión.

El secreto no está en el método que utilices sino en entender cómo funciona cada espacio, cuál funciona mejor para ti y cuál es más relevante para tu proyecto. Mantener la mente abierta es darle a alguien la oportunidad de contribuir con tus ideas, sin importar su clase social o incluso la validez de la idea.

- Conoce a tu tema de conversación

Al comunicarte con alguien debes estar seguro de lo que dices antes de brindar alguna información, si no sabes de lo que estás hablando en frente de alguien que, si conozca el asunto con propiedad, esto arruinará tu credibilidad, la cual debes haber establecido bien llegados a este punto.

Entender de lo que estás hablando te permitirá responder preguntas en cualquier momento, sin importar si estás en un ambiente controlado o si te sorprenden de repente. Estar bien preparado todo el tiempo facilitará que aproveches cualquier oportunidad que se te cruce en el camino.

- Lee entre líneas

Es más recurrente de lo que pensarías, pero en las conversaciones del día a día y en un ambiente profesional, la mejor información no se encuentra en lo que la gente dice, sino enlo que deja de decir.

Puedes recolectar muchísima información si sabes cómo escuchar y entender lo que está implícito en el discurso de tus interlocutores. Esta habilidad puede sonar difícil, pero es sorprendentemente fácil de desarrollar, simplemente empieza por concentrarte en lo que la otra persona te está diciendo y luego compáralo con sus objetivos, allí veras los elementos que fueron omitidos en la conversación.

Entonces estarás listo para introducir esos elementos en tus propios términos haciendo muy difícil para la contraparte decir no.

- Sé flexible

Comunicarse con alguien requiere que seas flexible. Debes estar preparado a cambiar tu enfoque, particularmente si nueva información aparece y cambia la forma en cómo ves una situación.

Todas las conversaciones deben fluir libremente hasta que una solución aparezca naturalmente. La comunicación debe ser flexible y casi imposible de ser dirigida hacia una dirección equivocada. También es importante que notes que la comunicación puede ser completada de maneras diferentes y es importante ser flexible al elegir cuál es el mejor enfoque para cada situación.

- Cuídate de los malentendidos

Cuando discutimos algún tema o problema con alguien es bastante fácil que la otra parte no te entienda totalmente. El resultado de la conversación, que parecía obvio, cambiará. Serás capaz de monitorear un cambio extremadamente positivo o negativo en su comportamiento y respuestas, esto será señal de que la conversación se ha ido cuesta abajo súbitamente.

Debes ser capaz de corregir rápidamente el problema y dirigir la conversación hacia dónde debería llegar.

- Nunca culpes a los demás

Es muy fácil y comprensible, buscar a alguien a quien buscar cuando las cosas no ocurren según lo planeado, sin embargo, culpar a los demás crea un ambiente negativo para todos en el proyecto y no es productivo al comunicar y resolver los problemas. La mejor forma de hacer avanzar tu proyecto no es estancarse en lamentar los errores sino en buscar una salida posible para aprender cómo mejorar la comunicación y diseñar una solución para este problema en el futuro.

Culpar a otro o a muchos simplemente irá en detrimento de tu proyecto y evitará que progreses.

- Redes sociales

No toda la comunicación es verbal, o es transmitida por tu lenguaje corporal. La tecnología moderna ha llevado las redes sociales y medios de comunicación a cada persona en el mundo. Es fácil conectarse al internet y crear un perfil en todas las redes sociales disponibles.

Las redes sociales te brindan el poder y la oportunidad de alcanzar a miles de personas cada día. Sin embargo, debes considerar el mensaje y la imagen que estás transmitiendo, ser muy serio puede ahuyentar a muchos clientes, mientras que demasiado relajado no te hará ver muy profesional que digamos. Obteniendo el correcto balance puede ser increíblemente complicado, pero también te da la oportunidad de comunicarte efectivamente con muchos segmentos del mercado.

- Publicidad online

Otro método bastante productivo de comunicarse con tus clientes o con tus clientes potenciales es a través de la publicidad online, puede llegar a ser muy fácil crear ventanas emergentes con tu publicidad que aparezcan cuando la gente busque sobre ciertos temas o ciertas páginas web. Incluso puedes subir el nivel de interacción y presencia en internet de tu empresa y construir sobre tus cuentas un grupo de seguidores fieles a ti.

Cualquier ruta que elijas, al comunicarte con tus clientes, con los demás expertos en tu campo, o incluso inversores, el internet es una opción viable, pero en ocasiones, difícil, Las redes sociales dejan la puerta abierta para que la gente deje sus comentarios sobre tu empresa a la vista de todos, esto si no es manejado adecuadamente puede perjudicar tu imagen y reputación. De nuevo necesitarás manejar esta forma de comunicación con cuidado para asegurarte de que la imagen que proyectas es la deseada.

- El correo electrónico

Un correo electrónico puede ser enviado a cientos y a miles de personas. El proceso puede ser automatizado, simplemente creas el mensaje y selecciones a las personas a las cuales se lo quieres enviar. Para que esto funcione más eficientemente necesitas dividir a tus seguidores en grupos, preferiblemente por sus intereses o edades, esto garantizará que le envíes información relevante a cada seguidor.

Un correo electrónico es una poderosa herramienta, pero también es posible usarlo de manera incorrecta y causar un gran daño a tu perfil y a tus seguidores. De nuevo, debes encontrar el balance perfecto entre lo que es demasiado formal y lo que es demasiado informal, deben percibirte accesible pero no serás capaz de responderle individualmente a cada uno de tus seguidores, simplemente necesitarías invertir demasiado tiempo en esta tarea.

- Nunca le temas al silencio

Cuando nos comunicamos con los demás, ya sea conversando con alguien o dando un discurso, es importante reconocer que habrán ocasiones donde habrá silencios cortos. No hay nada que temer.

El silencio en cualquier forma de comunicación te permite revisar tus pensamientos y mantener la conversación bien dirigida. También le da a la audiencia la oportunidad de absorber la información para que formen su opinión, entonces el silencio asegura que todas las conversaciones sean significativas y útiles.

En términos de negociación, el silencio es a menudo un ingrediente esencial que sigue al hacer una oferta, usualmente la primera persona en romper el silencio es la primera en ceder, de hecho, el silencio puede ser una manera útil de transmitir cualquier mensaje.

- Anticipa

Una de las habilidades más importantes

que debes aprender para asegurarte de tener la efectividad al comunicarte con un amplio rango de personas es la habilidad de anticipar lo que la otra parte necesita, quiere y está a punto de pedir. Puedes lograr entender y anticipar estos deseos investigando sobre la forma en como los demás hacen negocios y cómo reaccionan en ciertas situaciones.

Entender esto te permitirá crear el escenario correcto y asegurarte de que tu obtengas los resultados esperados, la mayoría de tu éxito será resultado de la planeación y del ambiente, no el resultado directo de tus palabras.

- La importancia del contacto visual

Cuando te comunicas en persona es fundamental mantener el contacto visual durante el mayor tiempo posible. Por supuesto demasiado contacto visual puede parecer intimidante eincómodo. No obstante, si lo haces bien, la gente automáticamente va a confiar en ti, ya que pensarán que eres abierto y honesto. La confianza es una parte integral de la comunicación te permitirá construir relaciones duraderas y obtener los resultados deseados cuando lidias con otras personas.

Uno de los mejores trucos en una situación uno a uno, es enfocarte en algún punto sobre los ojos de tu interlocutor, algún ligar en la frente esto facilitará que no te sientas intimidado por la otra parte al mirarlo fijamente. A la hora de dirigirte a un grupo debes escanear constantemente al grupo, pausando por pocos segundos en cada persona para asegurarte de que ellos sientan que estás creando una conexión directa con ellos.

- Practica discursos

Hablar en público es una parte aterradora, aunque necesaria de la comunicación con grupos. También es un rasgo clave que todo gran líder debe tener, es una habilidad fundamental que debes dominar para convertirte en un súper líder.

El miedo escénico tiende a ser el mayor problema cuando nos enfrentamos con un evento público. La mayoría de las personas se preocupará de cómo son percibidos y de que si su discurso es apreciado. Sin embargo un criterio básico para dar un buen discurso público es enfocarse en lo que tu audiencia espera obtener al escucharte. La atención no debe centrarse en gustarle a la audiencia pues que esto se da por sentado si tu discurso alcanzo sus expectativas.

Hablar en público es una manera efectiva de comunicarse con mucha gente al mismo tiempo. Es una habilidad que es mejorada con la práctica debes practicar presentando la información en unas fichas con palabras clave, estas deben ser suficiente para mantener tu discurso bien encaminado cuando no estás leyendo tu discurso. Mientras más practiques, más fácil y cómodo te sentirás al dar discursos.

- Sigue tus valores

Es esencial saber cuáles son tus principios y valores, y claro tratar de vivir según ellos. Esto te ayudará a convertirte en la persona que quieres llegar a ser, y para comunicarte efectivamente con los demás. La razón de esto es que mientras más te conozcas a ti mismo, a tus límites y a tus valores te sentirás más cómodo contigo mismo.

Conocerte a ti mismo te permite enfocarte en trabajar duro y mantenerte apegado a tus valores. Esto es una forma indirecta de comunicación que incrementará tu carisma y le hará mucho más fácil a los demás querer seguirte.

- Reconoce la importancia de las opiniones diferentes.

Cada miembro de tu equipo e incluso de tu audiencia tendrá una perspectiva diferente de la vida y por ende en una gama de opiniones diferentes. Cada una de esas opiniones son válidas y pueden ser una parte esencial del proceso de desarrollo.

Reconocer las diferentes opiniones y aprender a comunicarte con cada uno de ellos te permitirá sacarle el máximo provecho a los recursos que tienes a mano.

Capítulo 4: La importancia de entrenar a otros y aprender a Delegar

Entrenar a otros es una parte esencial de desarrollarse y comunicarse como individuo y como parte de un grupo. Un súper líder procurará impartir la sabiduría y el conocimiento que ha obtenido para asegurar que otros podrán seguir sus pasos, y si es necesario, continuarlo que él ha empezado. Los mejores líderes inspirarán a otros a asumir tareas que los seguidores pensarían que es imposible para ellos, incluso con un poco de entrenamiento será fácil con las habilidades que ya tienen.

Hay diferentes aspectos de entrenar y delegar efectivamente, usadas con propiedad estas habilidades pueden ser desarrolladas y mejoradas hasta formar a un grupo de personas que te asistirán para liderar tu equipo y alcanzar tus metas:

- Entiende las habilidades de tu equipo

Para poder apreciar y dirigir a tu equipo es primordial entenderlos y motivarlos. Esta es la mejor forma de conocer sus habilidades y descubrir cuál es el mejor enfoque para obtener resultados.

Una vez que tú entiendas de lo que tu equipo es capaz, podrás identificar donde puedes introducir las mejoras y cuál es el mejor método para implementarlas. Esta es la primera etapa del entrenamiento, identificar las necesidades y crear sobre sus habilidades actuales, esto garantizará que tu equipo esté en constante cambio y abierto a nuevas experiencias y metas.

En la mayoría de los casos tú equipo le dará la bienvenida a las responsabilidades adicionales y a las oportunidades. Presionar a tu equipo es la mejor forma de lograr que ellos siempre se desempeñen al máximo en el trabajo, esto significa que tú y tu proyecto se beneficiará con su crecimiento personal.

Entender a tu equipo y a sus habilidades especiales te permitirá ubicarlos en trabajos dentro o cerca de su área de confort mientras los entrenas gradualmente en una nueva área o mejoras sus habilidades naturales.

- Provee oportunidades de crecimiento y nuevos retos

El paso siguiente a determinar cuáles son las habilidades de tu equipo es crearlesoportunidades y retos. Muchas de las tareas que deben realizarse a diario pueden completarse de diversas formas, estas representan una oportunidad de aprendizaje que le permitirá a alguien, con la experiencia y actitud adecuada, realizarlas y encontrar su propia forma de enfrentar el desafío.

La marca un gran líder es que sea capaz de confiar estas tareas a su personal y también de guiar a su equipo incluso cuando tomaron el camino equivocado. Tú debes ser capaz de prever que tan lejos pueden ir antes de que necesiten de tu corrección y darles tanto apoyo como sea posible en el camino. Los mejores líderes no dictan que hacer, sino que guían a otros en la dirección correcta y les permiten cometer errores y aprender de ellos. Un súper líder no juzga los errores cometidos con las mejores intenciones, debes simplemente veras como una oportunidad de crecimiento e intentar otros retos.

- Ser considerado

Un gran líder siempre debe tener en cuenta la presión a la cual su equipo esta expuesto. Pero considerar a tu equipo es más que estar alerta, se trata de liderar con el ejemplo, de aprender a tener compasión y de crear una atmósfera en que cada quien esté consciente de sí mismo. Estas creando un ambiente en el cual cada miembro de tu equipo empieza a considerar a los otros en muchos niveles. Si cada miembro de tu equipo está cuidando de sí mismo y a los demás tienes el éxito garantizado, porque tu equipo estará unido y comprometido, listo para aceptar cualquier desafío.

Ser considerado es estar consciente del aquí y del ahora, a pesar de la necesidad de planificar, los objetivos y los sueños, es importante pasar tiempo simplemente existiendo en el momento actual. Crear esta atmósfera en tu equipo le permitirá a cada uno bajar sus niveles de estrés y estar conscientes de sus acciones, esto te permitirá a ti y a tu equipo reconocer sus propias fallas y descubrir las mejores formas de superarlas.

Entender estos factores te permitirá tener una gran claridad y enfocarte en lo que haces.

- Concentración

Entrenar a otros para que alcancen su máximo potencial es a menudo una tarea ingrata, ya que mucha gente cree que ya es perfecta o simplemente no están interesados en mejorar. Uno de los principales objetivos de cualquier sesión de entrenamiento es permitir a tu equipo la oportunidad de despejarse de las presiones del trabajo y concentrarse en actividades cotidianas. Es esencial enfocar cada parte del día y valorar lo que puedes haber aprendido.

Esta atención al detalle forzará al cerebro a enfocarse en una cosa a la vez y tu podrás encontrar algunas sugerencias e ideas que simplemente aparecerán en tu cabeza. Esta es una buena señal de que el entrenamiento está funcionando y que tu estas permitiéndole a tu creatividad e inspiración hacer su magia.

- Atento a las oportunidades

Para garantizar que obtienes el máximo de

tu equipo, tanto para ti como para el bien del grupo, necesitas estar alerta a cualquier oportunidad que se te presente. De hecho, la idea de que todo pueda ser visto como una oportunidad es un principio básico del desarrollo de tu equipo. La gente que lidia con los procesos diarios usualmente serán los que vean más oportunidades, así sea ahorrar dinero o enfocarse en una nueva dirección.

Tu equipo necesita desarrollar su consciencia del mundo que les rodea y de cómo el público en general reacciona a las ideas y aspiraciones del negocio en el que creen. Esto les ayudará a enfocar su mente en lo que funciona y en lo que no, lo cual significa que los futuros proyectos pueden ser más efectivos priorizados y empezados según las tendencias actuales.

- Tener metas flexibles

Parte del entrenamiento de un equipo y de ser un gran líder es inspirar a tus seguidores, pero también recordarles que nada es estático, cada meta se mueve dependiendo de las influencias externas y de los cambios de perspectivas que surjan en la organización, es importante que cada miembro de tu equipo comprenda no solamente las metas que tú persigues sino que también los principios que rigen dichos objetivos. Esto asegurará que sean capaces de reaccionar ante cualquier cambio y que sugieran formas de mejorar o modificar las metas para alcanzar mejores resultados.

Al entrenar a tu equipo en la práctica y observar y evaluar las metas te quitarás una gran presión de encima y podrás disfrutar enfocándote en el desarrollo del proyecto y la meta mayor.

Puedes incluso garantizar que tu equipo entienda que no existe nada parecido a un negocio o vida estática, siempre hay algo que está cambiando y debes aprender a fluir con el cambio y convertirlo en la mejor oportunidad posible.

Una parte secundaria de esta habilidad es enseñar a tu equipo el valor de trazarse sus propias metas y regularmente evaluarlas. Los mejores líderes y entrenadores animarán a su equipo a alcanzar y rebasar cualquier meta.

- Entendiendo los principios básicos del liderazgo

Quizás una de las habilidades más importantes que todo líder debe transferir a su equipo y a aquellos a su alrededor es entender los principios detrás del liderazgo. Un gran líder debe ser justo, entender, y ayudar a guiar a sus seguidores en susvidas. Sin importar el número de desafíos que enfrentarán cualquier líder debe estar preparado para enfocarse en su equipo y ayudarlo a alcanzar sus metas, incluso si la recompensa es tan solo su gratitud.

Guiar a otros significa dejar un ejemplo para los demás y aceptar que esto no siempre será fácil y que otros no siempre serán capaces de seguirte el paso como te gustaría que lo hicieran.

Sin embargo la marca de un gran líder es el optimismo y la creencia que ellos transmiten, que todos tienen la capacidad de hacer grandes cosas y con un poco de ayuda y orientación querrán hacerlo.

Por supuesto si alguien simplemente requiere de instrucciones también pueden ser considerados como miembros valiosos del equipo, un gran líder entiende las fortalezas y debilidades de cada persona a su cargo y planifica con base en eso.

Entrenar a tú equipo en los roles y principios del liderazgo los ayudará a entenderte a ti y a tu posición, lo cual a la larga los convertirá en mejores líderes.

- Aprendiendo a comunicarse

Como ya hemos discutido, la comunicación es una de las características más importantes de cualquier súper líder. También es esencial inculcar en otros esta manera de pensar y asegurar que todo tu equipo entiende el poder de la comunicación. Hay diferentes métodos de comunicarse con otros, va desde simples conversaciones. Juntas, correos electrónicos o servicios de atención al cliente. El principio más importante al cual debemos ceñirnos es a que cada parte de la comunicación debe ser conducida de una manera positiva. Ser positivo es esencial para construir una relación con la otra parte y de obtener resultados mutuos y satisfactorios.

El mismo principio aplica a todos los niveles de la comunicación y es importante construir un entendimiento de las señales visuales que el cuerpo da cuando la gente está discutiendo cosas importantes para ellos. Reconocer estas señales garantizará que conectes con tu interlocutor y obtengas el resultado que quieres o necesitas. Escuchar todo lo que es dicho es una parte importante de comunicarse y es una lección fundamental que enseñar a tu propio equipo.

Mientras más emulen tus propios estándares y comportamiento más consciente estarás de que ellos han adoptado el enfoque correcto para comunicarse con otros.

• Entrenar como fuente de información
Compartir tu conocimiento y técnicas a otros es una excelente forma de transmitir esta información y asegurar que esté disponible para las futuras generaciones y garantizar que estás creando líderes para el futuro. Estos líderes pueden sobrepasar tus propias habilidades y capacidades e ir mucho más allá de lo que tú jamás

soñaste, Sin embargo, enseñarles las habilidades necesarias para convertirse en grandes líderes por si mismos también crea una oportunidad para que tu conectes con tu equipo a un nivel personal y entiendas como funcionan y como viven y recolectar una gran cantidad de información útil. Mientras más entiendas a tu equipo será más fácil entrenarlos para ayudarlos a convertirse en mejores personas.

Es importante que le enseñes a tu equipo a cómo manejar e interpretar información, ellos podrían tener problemas para manejar más de un punto de vista y tu puedes darles esta supervisión haciendo las preguntas correctas. Delegando decisiones a tu grupo asegurarás que ellos se den cuenta de la responsabilidad que recae sobre ellos. Esto creará un sentimiento de auto superación en tu equipo y los animará a tomar más y más responsabilidades y dedicarse en gran medida al equipo.

- El arte de delegar

Muchos gerentes se encargan de tareas

muy pequeñas, y son extremadamente reacios a entregar el más mínimo control a otros miembros del equipo. Esta puede ser señal de que se tiene una creencia de que nadie más puede hacer el trabajo tan bien como tú podrías, o puede significar que se teme a no ser necesario si delega demasiado. De hecho, Los mejores líderes aprenden a delegar todo el tiempo. Si al final del día no queda trabajo por hacer, entonces habrás hecho un buen trabajo entrenando a tu equipo a encargarse de las tareas diarias, y esto te dejará libre para enfocarte en mantener a tu personal feliz y asegurándote de que el proyecto o negocio está bien encaminado.

Mientras más grande se vuelve el proyecto, más importante es delegar tantos roles y tantas tareas sea posible, simplemente será imposible que sumas todo tu mismo y que al mismo tiempo estés enfocado en las metas, y el progreso y satisfacción de tu equipo.

Los mejores líderes tomarán las tareas que sean más adecuadas para ellos y pasarán a otros las actividades para las cuales están calificados proveyendo entrenamiento si es necesario para asegurar que tienen las habilidades necesarias para completar las acciones requeridas. Esto es más que solo delegación, es la combinación de todas las habilidades de entrenamiento, pues se trata de que tu equipo se vuelva capaz de dirigir el proyecto a buen puerto sin la necesidad de que tú estés presente. El objetivo final es ese, asegurarte de que tu equipo puede mantener el proyecto a flote sin tu intervención.

A pesar de la gran importancia de delegar, esta habilidad es a menudo una de los atributos más difíciles de aprender y enseñar a otros. Las siguientes técnicas pueden ayudarte a convertirte mejor delegando:

Evalúa las tareas que te toman más tiempo durante la semana, considera cuanto tiempo te toma cada una y cual nivel de habilidad es requerido para hacer el trabajo adecuadamente. Entonces piensa sobre que mas podrías hacer con ese tiempo. Te darás cuenta de que ese tiempo puede ser utilizado más productivamente y esto te convencerá de que debes delegar esta tarea a algún miembro del equipo. La parte más difícil es decidir a cuál miembro del equipo le debes confiar esta labor.

Instruye muy bien al miembro elegido, debes estar seguro de que él entiende lo que se espera de él y de que debe continuar haciendo el trabajo de la forma en cómo tú lo habías venido haciendo. Debes estar abierto a la idea de que cambie el método y de resultados que sean adecuados según los parámetros establecidos, Sin embargo, ningún empleado debe cambiar el sistema sin haberlo usado por una cantidad de tiempo adecuado, esto garantizará que ellos entiendan las ramificaciones y consecuencias de cambiarlo.

Una tarea debe ser delegada a tiempo. Esto te ayudará a sentirte más cómodo sobre alguien más realizando una de tus tareas y te permitirá vigilar muy de cerca los resultados. Cuando la primera tarea es completada exitosamente entonces tu puedes empezar a planear la próxima tarea a delegar, gradualmente el ritmo de la delegación incrementará cuando entregues todas las tareas cotidianas, y tú estarás tan ocupado como siempre. La clave de delegar con éxito es asegurarse de que los miembros elegidos entienden totalmente lo que se espera de ellos y que trabajen por el mismoobjetivo que tú y el resto del equipo.

Delegar algo no es probablemente una habilidad que muchos dueños de negocios tienen en abundancia. Sin embargo, es una habilidad esencial a dominar y que te permitirá enfocarte en las cosas que son relevantes para tu proyecto.

Capítulo 5: Motivarte a ti mismo y a aquellos a tu alrededor.

Cuando inicia un proyecto es muy fácil estar motivado y trabajar duro para alcanzar el éxito y hacer despegar el proyecto. Desafortunadamente, una vez que el proyecto está en marcha puede ser difícil mantener el ímpetu, habrán muchos asuntos que demandarán tu tiempo y habrá una gama de dificultades que superar, posiblemente serán problemas personales. Cada cosa que tome tu tiempo hará más difícil que te concentres en el objetivo final y esto puede llevarte a la procastinación a la primera oportunidad que tengas.

Existe una variedad de recomendaciones que deberías seguir si quieres seguir motivado y si quieres ser capaz de motivar a tu equipo:

- Mini-Objetivos

Puede ser muy difícil encaminarse a un gran objetivo que podría alcanzarse o no y que solamente es una posibilidad en algún punto en el futuro. Para seguir motivado y evitar el estancamiento, lo mejor es separar tu gran proyecto en varias partes y proponerte a alcanzar objetivos pequeños. Estos objetivos deben ser tan minúsculos que puedan alcanzarse en una semana y debes darte una recompensa cada vez que alcanzas un objetivo. Al mismo tiempo estarás avanzando cada semana y te mantendrás motivado.

Los objetivos pequeños deben hacerse más grandes de forma gradual así garantizarás que cada quien sabe hacia dónde se dirige el proyecto y cuál es el resultado esperado.

- El juego

Otro buen enfoque es convertir al proyecto en un juego, estousualmentees una manera efectiva de asegurarte de que no solamente cumplirás tus metas, sino que harás mucho más trabajo del que necesitas realizar. El juego más simple es plantearte un objetivo simple, como trabajar hasta tarde cada día o incluso llegar más temprano.

Incluso puedes subir la apuesta un poco y tratar de culminar tareas específicas en menos tiempo del que acostumbras pero manteniendo la misma calidad.

Otra versión del juego es completar una tarea específica de una forma diferente a la usual sin afectar el resultado y asegurándote de que no te tome más tiempo del que normalmente gastas. Esto puede poner tu cerebro a trabajar mientras necesitas entender exactamente como se cumplen los procesos en tu proyecto para encontrar una solución alternativa.

- Fechas de limite

Una de las maneras más efectivas de aumentar la cantidad de trabajo producido y asegurar que no tengas retrasos es visualizar cada día de trabajo como la última oportunidad de terminar un proyecto específico. Trabajar como si tuvieras una fecha de entrega puede crear la presión necesaria para que algunas personas se sientan cómodas, incluso si es un ambiente de trabajo más estresante del que estas acostumbrado.

Esto no es algo que se recomienda hacer

cada día, no solamente aumentará el estrés alque estás sometido, también es posible que disminuya la calidad de los bienes que estás produciendo.

Puede ser una herramienta útil cuando es utilizada para motivarte a alcanzar tu meta.

- Actitud positiva

Este es un rasgo esencial de la actitud "todo es posible". Sin importar que tan mal se ponga cualquier situación siempre debes mirar el lado positivo y encontrar algo en lo cual concentrarte. Esto puede ayudarte a motivarte porque te sentirás optimista sobre el futuro. Esta pequeña cantidad de positividad te permitirá seguir adelante y llegar a tu meta final, manteniendo tu proyecto bien encaminado.

Una actitud positiva también se contagiará a las personas involucradas en el proyecto, haciéndolas sentir bien y dándoles un sentimiento de pertenencia.

El poder de la actitud positiva nunca debe ser subestimado. Si la gente se siente bien siempre se sentirán capaces de hacer más, sin importar la situación.

- Distracciones

Una de las mayores razones por las cuales un proyecto no sigue su agenda predeterminada son las distracciones. Cualquier cosa puede llegar a ser una distracción, desde un hombre montando un monociclo hasta ver un video sobre pesca.

Las mayores distracciones son los objetos mundanos en tu oficina, tu taza de café o un buscador de internet. Puedes perder tiempo, limpiando tu tasa o buscando alguna cosa en internet, la lista de cosas que parecen importantes parece crecer rápidamente y robar tu atención de los asuntos del proyecto, No importa que tan buenas sean tus intensiones, habrá algo que te puede distraer.

La ruta más segura es quitar todos los objetos que potencialmente pueden generar una distracción y atentar la concentración de tu equipo en el proyecto. SI bien esto parece una buena idea, puede ser difícil de lograr, una mejor tatica puede ser estudiar la tarea que debes realizar y

dividirla en pequeñas metas, esto puede aumentar tu motivación para cada tarea, como puedes terminar tareas simples y pequeñas tomando una a la vez, querrás hacerlo rápidamente.
- Trabajar duro

Uno de los mayores problemas de muchos proyectos es su tamaño. La manera más simple de ajustar lo es dividir el trabajo en diferentes tareas y delegarlas. Sin embargo, incluso este enfoque, aunque más estimulante, puede sucumbir en la falta de motivación. En vez de enfocarse en una parte pequeña del plan, puede ser más beneficioso separar al plan en minúsculas partes y motivarte a timar una sección del proyecto a la vez.

Es mucho más fácil estar motivado por algo que puede ser completado en un día que por algo que va a requerir mucho más tiempo. Tendrás una sensación de satisfacción cada día y cada vez que alcances un objetivo estarás más cerca de completar todo el proyecto.
- Ten un propósito

Para ser de verdad capaz de completar un

proyecto y de mantenerte motivado necesitarás definir el propósito de tu proyecto y recordártelo con regularidad. Puedes usar notas que te ayuden a recordar por qué estás asumiendo tú proyecto y que tan cerca estás de alcanzar el resultado.

Mucha gente asume proyectos que le gustan y esto les facilita sentir pasión por ellos. Pero si tu proyecto se relaciona con algo que realmente te apasiona, necesitarás recordarte con regularidad tu propósito, esto garantizará que te mantengas enfocado en terminar el proyecto a tiempo.

- Sal de tu zona de confort

Todos tenemos nuestra zona de confort, las cosas que hacemos a diario son las cuales con las que nos sentimos más cómodos, son actividades familiares y pueden ser parte de nuestro propio ritual cotidiano. Mientras más tiempo gastes en un proyecto mayor se hará tu zona de confort y te sentirás menos motivado. Esto generalmente significa que tendrás un enfoque más relajado del proyecto y que tengas retrasos en la fecha de entrega esperada.

Para mantenerte motivado y concentrado es esencial que te desafíes a diario. La mejor manera de hacer esto es retarte a hacer cosas a las cuales no estás acostumbrado. Esta tarea puede estar atada a la culminación de alguna actividad diaria o mini-objetivo, haciendo que el desafío sea una forma útil de mantenerte enfocado mientras expandes tus horizontes.

La voluntad de intentar cosas nuevas no solo te ayudaráa seguirmotivado sino que también inspirará a tu equipo a retarse y se mantendrán motivados por tus acciones.

- La pasión

Es casi seguro que hayas iniciado este nuevo proyecto porque tenías cierto interés en un asunto en particular, o un deseo que querías transmitir a otras personas. Es fundamental que mantengas esa pasión viva mientras trabajas en el proyecto. Esto no será difícil si de verdad sientes pasión por el proyecto. Si empiezas a dudar o a decaer, debes recordarte a ti mismo cuanto y por qué amas tanto este tema en particular.

Es esencial dejar que todos vean tu pasión, debes dejar que la gente vea cuan emocionado estás y cuanto disfrutas lo que estás haciendo. Los demás responderán a esto y se interesarán más en el asunto, también pueden sentirse motivados a dar lo mejor de sí para cumplir tus objetivos que ahora son de ellos también. Esta es otra manera de liderar con el ejemplo, simplemente dejar que los otros vean tu pasión y dejar que ellos respondan positivamente.

- Aprende cada día

Una de las lecciones más importantes que debes aprender es que no lo sabes todo. Siempre debes intentaraprender algo y cada día trae consigo una variedad de nuevos retos, estos pueden ser manejados de diversas maneras.

Tu equipo reconocerá que estas abierto a nuevas ideas y opiniones y no temerán expresar las suyas. Esto debe llevar a discusiones abiertas y francas sobre el futuro del proyecto y todos los participantes debe ser capaces de aprender de esto.

Aprender algo nuevo cada día garantizará que mantengas tu pasión sobre el proyecto y te motivará a buscar siempre nuevas técnicas y métodos. Este enfoque inspirará a tu equipo a seguirte, La humildad es también un importante principio de liderazgo.

- Nunca te rindas

Siempre habrán ocasiones donde las cosas vayan bien y puede parecer imposible continuar. Pero un buen líder no está listo para rendirse. Estono significa intentar obstinadamente algo que claramente no está funcionando. Significa que debes mantenerte alerta en todo momento, para que puedas considerar todas las opciones y de las oportunidades, usándolas para encontrar una forma de seguir adelante.

Dedicarte a tu proyecto e imaginar el resultado final te ayudará a inspirarte a continuar. Puede ser útil desarrollar un mantra personal que recites cada vez quenecesites recordarte por que lo estás haciendo. Puedes llevar este mantra mentalmente o puedes reproducirlo en lugares especiales en tu espacio de trabajo, servirá para motivarte.

Si muestras determinación para encontrar una forma de seguir adelante con tu proyecto, entonces los demás te seguirán naturalmente y compartirán tu deseo. Ellos creerán que es posible simplemente porque así tú lo crees también y eso te abrirá muchas puertas.

- Toma tiempo para ti

Para mantenerte motivado y hacer que tus seguidores sigan estándolo es esencial que te consientas ocasionalmente. Si te obsesionas con un proyecto más temprano que tarde te estancarás y no serás capaz de ver la salida.

Cada pequeño logro debe ser celebrado, tanto como los grandes, pero incluso es más importante buscar la forma de recompensarte cada semana, idealmente esto debería ser tener algún tiempo lejos del proyecto haciendo algo que amas. Claro que quieres ponerle todo tu esfuerzo al proyecto pero te sorprenderás de lo fácil que se vuelve cuando tienes un cambio de perspectiva cada semana. Esto te ayudará a enfocar tu mente y te permitirá ver todas las opciones, también te refrescará y te mantendrá entusiasmado y motivado.

Conclusión

Convertirse en un gran líder no es algo que puedas hacer de la noche a la mañana, tampoco es algo con lo que se nace, de hecho los líderes más grandes no se ven como líderes a sí mismos. Esto es porque un verdadero súper líder buscará mejorar constantemente sus habilidades de liderazgo y aprenderá como ayudar a sus seguidores. Un súper líder reconocerá que no pueden forzar a nadie a seguirlos, deben lograr que lo hagan por su propia voluntad. Un súper líder es humilde y aprecia los aportes y el potencial que los demás pueden agregar a un proyecto. También están dispuestos a mostrar su entusiasmo y energía, sabiendo que esto hará que los demás se sientan igual.

Los mejores líderes se hacen con el tiempo y ellos saben que pueden cometer errores, a su vez están preparados para aprender de ellos y seguir adelante. Este libro te servirá de guía mientras desarrollas tu liderazgo utilizando los rasgos más deseados.

Es esencial entender que hay atributos

claves que todo súper líder debe desarrollar y exhibir para asegurar que los otros quieran seguirlo y asistirlo en sus proyectos. Cada habilidad de gerencia puede ser aprendida y debe ser mejorada constantementepara asegurar que eres el mejor gerente posible. Mientras mejores en manejar personas, más sincronizadoestarás con sus esperanzas y deseos, entonces sabrás como motivarlos para alcanzar los mejores resultados posibles, para ti y para ellos. Un genuino interés en tu equipo y en su desarrollo personal es esencial para convertirte en un súper líder.

El libro también debe ilustrarte la importancia de comunicarte efectivamente y esto frecuentemente se logra al aprender a escuchar y a pensar antes de hablar. En otros momentos cuando todos están esperando por tus sabias palabras debes parecer que sabes lo que haces y debes parecer confiado, sin importar como te sientas realmente. Mucha de lo que comunicas parte de lo que escuchas y de lo que aprendes de otros, esto garantizará que tú hayas garantizado todos los puntos de visitantes de decidir cuál curso de acción tomar.

Una parte esencial de este proceso es guiar y asistir a los miembros de tu equipo en su desarrollo personal y profesional. Debes estar preparado para delegar la responsabilidad a ellos y permitirles crecer como individuos. Esto garantizará que se mantengan leales y dedicados al proyecto. Ser capaz de dejar ir y de confiar en tu equipo es una habilidad esencial si quieres ser un súper líder.

Finalmente, este libro te habrá mostrado que tan importante es que te mantengas a ti mismo y aquellos que te rodean motivados, sin importar cuales obstáculos se crucen en tu camino, un equipo dedicado y bien dirigido puede lograr, bajo tu mando, lo que parece imposible. Si tú puedes inspirar esta reacción en la gente entonces estás en camino de convertirte en un gran líder.

www.ingramcontent.com/pod-product-compliance
Lightning Source LLC
Chambersburg PA
CBHW071901070526
44583CB00016B/1791